Das Goldene Tor
Hermannstraße 142
66538 Neunkirchen
Tel: 06821 865986
E-Mail: verlag@das-goldene-tor.de
Web: www.das-goldene-tor.de

Satz und Umschlaggestaltung: Das Goldene Tor
Lektorat: Sonja Hartmann - www.korrekturengel.de
ISBN Buch: 978-3-948639-06-8
ISBN eBook: 978-3-948639-07-5

Stefan Andromis Herbert

Alles ist gut

Dein Krisenhelfer für mehr Sinn und Orientierung im Leben

Das Goldene Tor

Über den Autor

Stefan Andromis Herbert wurde 1965 in Hannover geboren und erlernte nach dem Abitur den Beruf des Speditionskaufmanns. Schon sein Leben lang, suchte er nicht nur nach dem Sinn des eigenen Lebens, sondern auch nach dem Sinn des Daseins der Menschheit als Ganzes. In den 1990er Jahren fand er erste Antworten in der Esoterik und beschäftigt sich seitdem intensiv mit dem Bewusstseinswandel unserer Zeit und dem Aufstieg der Menschheit und der Erde ins Licht.

Einige Jahre später begab er sich auf den Weg des Herzens und fand zur eigenen Heil- und Bewusstwerdung durch Vergebungsarbeit, innere Reisen und der Aktivierung der inneren göttlichen Kraft. Mithilfe der Liebe und Weisheit der Universalen Quelle gibt er in diesen Zeiten des Bewusstseinswandels zudem in Vorträgen, Büchern und über das Internet wegweisende Botschaften für mehr Sinn und Orientierung weiter.

Inhalt

Wie dieses Buch entstand

Liebe Leserin, lieber Leser,

ich freue mich, dass du dieses Buch in den Händen hältst. Ich hoffe, es ist in Ordnung, dass ich dich duze. Diese Anrede ist mir persönlicher und fühlt sich deshalb für den Inhalt dieses Buches stimmiger an.

In diesem Buch möchte ich dir von meinen Erfahrungen mit Lebenskrisen erzählen. Dies möge dir helfen, mit eigenen Krisen erfolgreicher umzugehen. Ob es sich um finanzielle Schwierigkeiten handelt, um Erkrankungen, Kündigungen oder Trennungen, eine Lebenskrise ist grundsätzlich nichts Schlechtes. Sie begegnet uns auch nicht, weil wir versagt haben, weil uns das Glück verlassen hat oder uns das Leben bestrafen will. Das erscheint sicherlich so, wenn wir mittendrin stecken.

Haben wir sie allerdings überwunden, können wir bewusster, reifer und erfahrener aus ihr hervorgehen und sehen sie dann in einem ganz anderen Licht. Um dies zu verstehen, möchte ich in diesem Buch auch erklären, wie die Welt, in welcher wir leben, aus meiner Sicht beschaffen ist. In ihr hat jede Krise eine geistig-seelische Ursache. Wenn du dies erkennst, vermagst du bereits, einen ersten wertvollen Schritt auf dem Weg der eigenen Selbstfindung oder Bewusstwerdung zu machen.

Meine Sichtweise auf diese Welt ist nicht gebunden an eine Religion, wie z. B. das Christentum. Ich bin ein Mensch, der sich nicht nur mit anderen Religionen, wie dem Buddhismus und dem Taoismus, beschäftigt hat, sondern auch mit Naturkulten und esoterischen Vorstellungen. Aus den Erfahrungen mit ihnen, hat sich mir eine Essenz gezeigt, welche ich dir in diesem Buch auch vermitteln möchte.

Damit will ich aber nicht behaupten, dass es sich hierbei um die absolute Wahrheit handelt. Sie ist eine Anregung für dich. Ob du sie übernehmen und in dein bestehendes Weltbild integrieren möchtest, liegt allein bei dir. Ich kann dir nur anbieten, was mir geholfen hat. Wir sind alle einzigartige Individuen und damit hat jeder von uns eine eigene Sichtweise auf das Leben hier auf der Erde. Deshalb fühle bitte in dich hinein und entscheide, was dir aus diesem Buch nützlich erscheint.

Zuerst möchte ich aber beschreiben, wie dieses Buch entstanden ist, weil das aus meiner Sicht auch gut zu seiner Botschaft passt. Die ersten Kapitel bis „Du bist O.K.!" habe ich nach einer finanziellen Lebenskrise im Jahre 2001 verfasst. Um meine Erfahrung an andere Menschen weiterzugeben, habe ich sie auf meiner spirituellen Internetseite unter dem Titel „Seelenmitte" verbreitet.

Zwei Jahre später ergab sich die Gelegenheit, die Texte unter dem gleichen Titel in einem kleinen

Büchlein zu veröffentlichen. Es wurden 1000 Exemplare gedruckt, die in den Jahren danach viele Menschen erreichten und ihnen auf ihrem Weg zu sich selbst sehr geholfen haben. Den Verlag gibt es seit vielen Jahren nicht mehr, weshalb ich lange Zeit nicht auf die Idee kam, die Botschaften der Seelenmitte neu aufzulegen.

Dies änderte sich Ende des Jahres 2019, nachdem ich beim Verlag „Das Goldene Tor" eine Autobiographie über meinen spirituellen Weg herausgegeben hatte. Gleich nachdem dieses Werk vollendet war, bekam ich den intensiven Impuls, mich mit den Texten der Seelenmitte zu befassen und zu prüfen, wie sie erneut veröffentlicht werden könnten.

Zuerst dachte ich, dass ich sicherlich nur die eine oder andere Formulierung ändern würde, weil ich seitdem tiefere und erweiterte Erfahrungen gemacht hatte. Doch als ich mir die Texte nach all den Jahren wieder durchlas, spürte ich, dass es in eine ganz andere Richtung geht. Deshalb sind weitere Kapitel hinzugekommen, und das Buch hat sogar einen neuen Titel erhalten.

Der Grund liegt in den Erfahrungen einer Erkrankung, die ich im Frühjahr des gleichen Jahres gemacht hatte. Zu diesem Zeitpunkt bekam ich eine sehr schmerzhafte Entzündung in die rechte Schulter. Ich konnte den Arm kaum bewegen, geschweige denn mit ihm irgendetwas tun. Ich lebte alleine, musste mich also weiterhin alleine anziehen, Essen kochen, Wäsche waschen und so weiter.

Ich war auch zwei Wochen lang krankgeschrieben, was bisher noch nie passiert war. In den über 30 Jahren meines Arbeitslebens war ich nie länger als drei Tage am Stück krank. Ich habe mir auch noch nie etwas gebrochen, und wenn mich eine Grippe erwischte, konnte ich mir selbst durch Ruhe, Meditation und energetische Heilarbeit immer problemlos und schnell helfen.

Doch hier funktionierte dies nicht, und deshalb fühlte ich mich total hilflos, ohnmächtig, verzweifelt und war sogar wütend auf Gott und das Universum. Warum passiert mir so etwas? Warum mir, der ich mich doch so viele Jahre schon auf dem Weg der eigenen Heilung und Bewusstwerdung befand? Habe ich dabei etwas falsch gemacht? Habe ich etwas Wesentliches übersehen oder war ich doch nicht so weit auf meinem Weg fortgeschritten, wie ich dachte?

Auch die Antworten hierauf möchte ich in diesem Buch an dich weitergeben. Alles hat einen Sinn in unserem Leben, somit auch jede Krise, welcher Art sie auch ist. Wenn du diesen Sinn erkennst, lernst du dich selbst besser kennen, findest tiefer zu dir selbst und entwickelst dich als Mensch weiter.

Aus dem Impuls, einen 18 Jahre alten Text erneut herauszugeben, ist ein ganz neues Buch entstanden in einer neuen Aufmachung. So war es gut, dass ich dies nicht bereits vor zwei oder drei Jahren versuchte. Damals hätte ich es nicht auf die Weise auszudrücken vermocht, wie jetzt in dieser Version. Damit hatte das Warten seinen Sinn.

Zum Zeitpunkt eines solchen Ereignisses ist mir oft auch nicht klar, warum dies geschieht. Wenn ich es im Nachhinein erkenne, bin ich für diese Wendungen trotzdem immer dankbar. Das trifft auch auf meine schmerzhafte Schulter zu, die bewirkte, dass ich heute bewusster und wahrhaftiger bin und du dieses Buch in den Händen hältst.

Jedes Kapitel beginnt mit einem Foto, welches ich in den vergangenen zehn Jahren auf meinen Reisen innerhalb Europas und auf anderen Kontinenten aufgenommen habe. Ich habe sie sorgsam ausgewählt und hoffe, dass sie dich genauso berühren wie die Texte.

Bevor es losgeht, danke ich der geistigen Welt, meiner göttlichen Führung und allen anderen, die an der Entstehung dieses Werkes direkt oder indirekt damals und auch heute beteiligt waren. Ich danke für eure Liebe und euer Vertrauen in mich, diese Trost spendende und so wertvolle Botschaft in die Welt hinaus zu tragen.

Herzliche Grüße,

Stefan Andromis Herbert

MARS
MERCVR
IVPITER
Septentrio

Eines Tages wird man offiziell zugeben müssen, dass das, was wir Wirklichkeit getauft haben, eine noch größere Illusion ist als die Welt des Traumes.

Salvador Dali, spanischer Maler und Grafiker

Seelenwege

Zuerst möchte ich dir erzählen, wie ich die Welt sehe, in der wir leben. Ich bezeichne mich als einen spirituellen Menschen. Das heißt, dass ich den Urgrund unseres Daseins, unseren Lebenssinn, aus der höheren geistigen Perspektive betrachte. Dieses „Höhere" kann man als Gott, die Seele, das Höhere Selbst, das Licht, das Universum, das Tao oder wie immer nennen. Dies sind nur einige Begriffe, die für mich ein und dasselbe ausdrücken: das Sinngebende in unserem Leben, welches uns führt und beschützt.

Dieses Geistige durchdringt unser Leben vollkommen und prägt auch unseren Alltag im Beruf, in der Freizeit oder in der Familie. Aus dieser höheren Sicht gibt es einen Plan für unser Leben, den ich Seelenplan nenne. Alles, was uns im Leben geschieht, ist Bestandteil dieses Plans, besonders die schicksalhaften Ereignisse, wie Konflikte, Krisen oder das Auftreten von Krankheiten.

Aus irdischer Sicht können wir unseren Seelenplan nicht beeinflussen. Wir werden mit ihm geboren, und er steuert ab diesem Moment unser Leben. Damit scheint es, als ob wir keinen Einfluss auf das Leben hätten und diesem höheren Geschehen hilflos und ohnmächtig ausgeliefert seien. Dies ist trotzdem nicht der Fall, denn es gibt eine Einflussmöglichkeit, wenn wir bewusst mit diesen schwierigen Momenten umzugehen lernen.

Zu dieser Vorstellung wurde ich geführt, als ich mich im Jahre 2001 in einer finanziellen Krise befand und ständig versuchte, dagegen anzukämpfen. Doch weder konnte ich mir auf geistigem Wege durch Meditationen und Affirmationen ein reicheres Leben erschaffen, noch fand ich einen Weg, meine Geldsorgen auf alltägliche Weise loszuwerden. Alles was ich tat, war nicht erfolgreich und somit gab es für mich alleine keinen Weg aus der Krise.

Da kam mir unerwartet die höhere Einsicht, dass ich stattdessen loslassen und aufhören soll zu kämpfen. Ich gestand mir ein, dass ich die Krise aus meinem Verstand oder meinem Ich-Bewusstsein nicht zu lösen vermochte und übergab mein Leben den höheren geistigen Ebenen, die ich auch meine göttliche Führung nenne. Ich offenbarte mich ihnen und bat sie, mich aus meiner belasteten Lebenssituation herauszuführen.

In dem Moment öffnete sich mein Herz, und ich fühlte mich innerlich leichter und freier. Ich fühlte auch eine vollkommene Liebe, die mir deutlich machte, dass alles gut ist und ich der geistigen Welt vertrauen soll. Ich nahm dies an, und Schritt für Schritt verbesserte sich meine finanzielle Situation.

Heute bin ich sehr dankbar für diese Krise, welche mein Vertrauen in das Göttliche bzw. in meine geistige Führung gestärkt hat. Am wichtigsten war mir allerdings, zu erkennen, dass mir das Leben nicht schaden will, sondern dass es mir helfen möchte, meinen Seelenplan zu erfüllen und zu einem bewussteren und erfüllteren Leben zu finden.

Wie wird nun aber unser Leben gesteuert? Unser Seelenplan beinhaltet die Erfahrungen, welche wir in vergangenen Leben oder Inkarnationen gemacht haben. Werden wir daraufhin wiedergeboren, geschieht dies aufgrund jener Seelenprägungen, welche sich in unseren Genen, unseren Gedankenmustern und Charaktereigenschaften zeigen.

Diese Prägungen sind in der Astrologie in den Planetenkonstellationen unseres Geburtshoroskops zu erkennen. Sie drücken sich auch über die Numerologie in unserem Namen und unserem Geburtsdatum aus, sowie über die Linien in unseren Handflächen. Man kann sie als Schicksal oder Kismet bezeichnen, ich möchte sie die Einfärbungen der Seele nennen.

Die Seele ist für mich bildlich gesehen ein strahlend weißes und reines Licht, umgeben von einem bunten Lampenschirm, unseren Seelenprägungen. Unsere Umwelt sehen wir stets in einem durch diesen Schirm eingefärbten Bild. Da unsere Seelenprägungen sehr individuell sind, erleben wir unsere Umwelt auch in unserer eigenen subjektiven

Wahrnehmung.

Der Sinn unseres Daseins hier auf der Erde liegt für mich darin, zu lernen, den Umgang mit diesen Prägungen zu meistern und sie in unser Leben zu integrieren. Dann lösen sich diese Einfärbungen mit unseren Erfahrungen auf, und unsere Seele wird klarer. Als Mensch werden wir geistig-seelisch reifer und bewusster. Wir werden zum Meister unseres Lebens.

Ist unser Leben zum Beispiel von der Einfärbung „Mangel" geprägt, dann begegnet er uns in allen Lebenssituationen. Solange wir ihn aber nicht als einen Teil unseres Lebens akzeptieren, werden wir diesen Mangel niemals auflösen. Wir können uns zwar bemühen, entsprechende Gehaltserhöhungen zu verlangen oder im Lotto zu gewinnen, doch wird dies nicht erfolgreich sein.

In esoterischen Kreisen versucht man auch gerne, sich Geld zu manifestieren oder diesbezügliche Wünsche an das Universum zu senden. Doch ist es hier genauso, erst die vollkommene Akzeptanz unseres Lebens im Mangel wird uns helfen, dieses wieder in reichere Bahnen zu lenken.

Der freie Wille

In esoterischen Botschaften ist oft zu hören, dass wir in dieser Welt mit einem freien Willen ausgestattet sind. Daraus wird geschlossen, dass wir alles in unserem Leben erreichen können, wenn wir es nur stark genug visualisieren oder manifestieren.

Folgerichtig glauben wir, unglückliche Lebensumstände, wie zum Beispiel finanzielle Krisen, Arbeitslosigkeit, Krankheit, Einsamkeit, ändern zu können, indem wir genau das visualisieren, was wir stattdessen wünschen, nämlich Reichtum, eine erfüllte Arbeit, Gesundheit oder eine glückliche Partnerschaft. Dahinter steckt die Idee, dass wir uns das, was wir uns wünschen, nur ganz stark gedanklich vorstellen müssen, damit es Wirklichkeit wird.

Eine andere Variante besteht darin, Wünsche an das Universum zu senden und uns das Fehlende quasi zu „bestellen". Wenn wir dies richtig machen, soll uns das Universum dann die Dinge besorgen, die wir unserer Ansicht nach benötigen. In meiner damaligen Lebenskrise haben diese Lösungsversuche allerdings nicht geholfen, das Universum hat mir meine Wünsche nicht wie erhofft erfüllt.

Ich fragte mich, warum dies so war und was ich falsch gemacht hatte. Eine Antwort liegt für mich in unbewussten Gedankenmustern, die uns davon abhalten, das Gewünschte in unser Leben zu ziehen. Dazu gehören Vorstellungen, wie sich nicht gut genug zu fühlen und es nicht wert zu sein oder es blockieren uns bisherige schlechte Erfahrungen. Dann können wir noch so viel Energie in unsere Wünsche stecken oder sie noch so intensiv visualisieren, wir werden das angestrebte Ziel nicht erreichen.

Ein Ergebnis der Krise war deshalb auch meine Erkenntnis, dass wir mit unserem irdischen Ich oder unserem Ego keinen wirklichen Einfluss auf unser Leben haben. In kleinen Dingen mag es ja ganz gut funktionieren, zum Beispiel wenn wir uns in einer vollen Innenstadt einen Parkplatz visualisieren möchten. Doch nicht bei solchen schicksalhaften Situationen.

Alles was uns hier auf Erden geschieht, wird für mich durch unsere Seele gelenkt, durch Gott oder wie immer du es ausdrücken möchtest. In dieser Führung zeigt sich der höhere Plan für unser Leben, in dem alle unsere Lernerfahrungen beschrieben sind. Dort ist alles enthalten, was uns in unserem Leben begegnet. All unsere Prägungen und die Erfahrungen, die sich daraus ergeben, stehen in vollkommenem Einklang mit diesem Plan.

Ist, um ein einfaches Beispiel zu nennen, eine Weltreise in unserem Seelenplan für uns nicht vorgesehen, werden wir sie auch niemals erleben, so sehr wir sie uns auch visualisieren oder wünschen mögen. Ist aus höherer Sicht eine Liebesbeziehung zwischen zwei Menschen nicht vorgesehen, können er oder sie sich noch so sehr bemühen, sie werden nicht zusammenkommen.

Beinhalten diese Prägungen für uns weder einen Lottogewinn, eine reiche Erbschaft oder andere finanziell erfüllende Ereignisse, wird auch dies nicht passieren. Jede Energie, die wir in die Erreichung dieser oder anderer Ziele stecken, wird uns nicht weiterbringen.

Doch wie verhält es sich dann mit unserem freien Willen? Aus meiner Sicht besteht er darin, dass wir entscheiden können, ob wir uns diesem höheren Willen beugen oder nicht. Kämpfen wir weiter gegen ihn an oder akzeptieren wir ihn als den unsrigen?

In dem christlichen Gebet „Vaterunser" heißt es „dein Wille geschehe, wie im Himmel, so auf Erden." Das deutet für mich genau in diese Richtung. Es geht deshalb nicht darum, in dieser Welt unseren irdischen Willen durchzusetzen, sondern dem höheren Willen Gottes oder der Schöpfung bedingungslos zu dienen. Deshalb heißt es in dem Gebet nicht „wie auf Erden, so im Himmel", sondern anders herum.

Möglicherweise gefällt dir diese Antwort nicht, weil du die Illusion verlierst, einen Einfluss auf dein Leben zu haben. Oder dein Ego und dein Verstand werden sich dagegen heftig wehren. Das sind für mich berechtigte Reaktionen. Du bist aber nicht dein Ego oder dein Verstand, sondern sie sind nur ein Teil von dir. Du bist viel mehr, du bist Teil eines umfassenden Seelenbewusstseins und einer großartigen göttlichen Gegenwart.

Das Ego ist für mich wie ein kleines störrisches und ängstliches Kind, welches nicht immer recht bekommen kann, sondern stattdessen von dir als bewusstes Sein liebevoll geführt werden möge. Dann kann es dir sogar helfen, in dieser irdischen Welt erfolgreicher zu sein.

Gott oder unsere geistige Führung wissen von unseren Lebenszielen, sie wissen genau, was wir benötigen und sie wissen auch am besten, wie wir diese Ziele erreichen. Wenn wir ihrer höheren Weisheit vertrauen, führt sie uns auch aus den schwierigsten Krisensituationen heraus. Dann öffnen sich wie durch ein Wunder jene Türen, die vorher verschlossen waren oder wir begegnen Menschen, die uns wertvolle Tipps geben oder bereit sind, uns persönlich zu unterstützen.

Wenn wir stattdessen gegen die höhere Weisheit unseres Seelenplans ankämpfen, weil wir unser Schicksal nicht akzeptieren wollen, werden wir weiterhin Leid erleben und nicht zu einem glücklicheren und erfüllteren Dasein finden.

Diesen höheren Willen erfahren wir als unsere geistige Führung in Form unserer inneren Stimme oder unseres Bauchgefühls, meist verbunden mit einem warmen und angenehmen Gefühl in unserem Herzen. Es liegt dann an uns, diesem inneren Ruf oder unserem Herzen zu folgen.

Diese Stimme wird auch Intuition genannt. Sie ist allerdings oft sehr leise und wird leicht durch unser Ego oder den Verstand übertönt. Dann vermögen wir sie nicht wahrzunehmen. Deshalb ist es sinnvoll, sich hin und wieder zurückzuziehen, den Fernseher auszumachen, eine Pause vom Posten oder Twittern einzulegen und sich von der ständig lärmenden Außenwelt eine Weile nicht ablenken zu lassen.

In diesen Momenten können wir zu jener Klarheit finden, die uns über die innere Stimme oder über das Bauchgefühl erkennen lässt, was für uns wichtig ist oder welche Entscheidungen wir treffen mögen. Dann hilft sie uns, unser Leben zu ordnen und gibt uns wertvolle Impulse für mehr Sinn und Orientierung.

Das Leben annehmen

Der Sinn unseres Lebens hier auf der Erde besteht für mich nicht darin, ein Spaß bringendes Leben voller cooler Partys zu führen. Dies wird für mich auch passend in der Redewendung "das Leben ist kein Ponyhof" vermittelt.

Natürlich sehnen wir uns alle nach einem Leben voller Liebe, Freude, Harmonie und Leichtigkeit. Dies ist auch durchaus erreichbar, wenn wir durch die Konflikte und Krisen in unserem Leben hindurchgegangen und auf diese Weise reifer und erfahrener geworden sind. Dann wird uns ein glückliches und erfülltes Leben quasi als Dank für all unsere Mühen geschenkt.

Aus meinem Verständnis leben wir in dieser Welt, um uns selbst zu finden. Dazu müssen wir uns aber erst einmal verlieren. Diese Erkenntnis kam mir, als ich Kindern beim Versteckenspielen beobachtete. Das eine Kind rannte weg, und das andere musste es finden. Dabei wurde mir bewusst, dass dieses Spiel nur funktioniert, wenn die beiden Kinder sich trennen.

Wenn sie zusammenbleiben wollen, weil sie sich vielleicht alleine fürchten, dann können sie dieses Spiel nicht spielen. Und solange wir uns nicht von uns selbst entfernen, haben wir keine Chance, uns aus dieser anderen Perspektive besser zu erkennen und uns dadurch wiederzufinden.

Alles, was wir am Anfang unseres Lebens an seelischen Verletzungen erfahren, bewirkt diese Trennung von uns selbst. Zuerst verlieren wir uns, erkennen später den Verlust und begeben uns daraufhin wieder auf die Suche nach uns selbst. Ohne die Erfahrung, uns verloren zu haben, werden wir auch nie die Erfahrung machen, wieder bei uns anzukommen. So liegt es in der Natur unseres Lebens, dass uns alles, was uns an schwierigen Lebenssituationen begegnet, letztendlich hilft, unseren Seelenweg zu vollenden.

Möchten wir es nicht nur bei einer Erkenntnis belassen, sondern sie auch in unser Leben integrieren, sollte uns bewusst sein, dass nichts in unserem Leben schiefgelaufen ist. Alles was geschehen ist, welche Schicksale damit auch immer verbunden sind, welches Leid, welche Qualen es uns gekostet hat – wir sollten alles, als zu uns und zu unserem Leben dazugehörig, akzeptieren.

So wie unser Leben verlaufen ist, ist es richtig gewesen. Es gibt keine Sekunde unseres Erdendaseins, die wir nicht im Sinne des höheren Willens oder der göttlichen Führung erfahren. Schwere Kindheiten, berufliche Probleme, Geldschulden, Unfälle etc. sind deshalb ganz wichtige Bestandteile unseres Lebens und haben für uns eine große Bedeutung.

Somit ist es wichtig, mit unserem Leben vollständig ins Reine zu kommen. Dabei brauchen wir es uns nur anzuschauen, brauchen uns nur die Situationen in Erinnerung zu rufen, bei denen wir das Gefühl haben, eine falsche Entscheidung getroffen zu haben oder bei denen wir glauben, benachteiligt worden zu sein.

Diese Ereignisse sind genau so durch Gott oder das Universum kreiert worden, damit wir an ihnen wachsen können. Und solange wir sie nicht voll und ganz akzeptieren, werden wir keinen Erfolg darin haben, sie zu überwinden.

Darum hilft es auch nicht, darüber nachzudenken, warum uns dies oder jenes passiert ist, warum wir so und nicht anders reagiert haben. Das sind nur Gedankengänge unseres Verstandes und sie helfen uns deshalb nicht weiter. Wir vermochten eben nicht, anders zu handeln, sonst hätten wir es ja getan. Die vergangenen Situationen sind sowieso vorbei, und die Vergangenheit können wir nicht ändern. Also bleibt uns nichts anderes übrig, sie als den Ist-Zustand unseres Lebens endlich zu akzeptieren.

Zudem sollten wir auch damit aufhören, uns schuldig zu fühlen. Weil in unserem Leben nichts schiefgelaufen ist und wir niemals falsch gehandelt haben, gibt es aus dieser Sichtweise heraus auch keine Schuld. Schuld entsteht nur in der Verurteilung oder in der Bewertung und wird von uns immer dann erfahren, wenn wir unser Leben aus einer einseitigen und begrenzten Perspektive betrachten.

Genauso wie es nicht hilfreich ist, unsere Mitmenschen für schuldig zu erklären, so können wir auch Gott, dem Universum oder dem bösen Schicksal keine Schuld geben. Mach auch bitte kein Karma dafür verantwortlich, dass es dir aktuell schlecht geht.

All dies sind Versuche deines begrenzten Verstandes, die Wahrheit nicht erkennen zu wollen, um dein Leben nicht voll und ganz akzeptieren zu müssen. Denn du bist dein Schicksal und dein Karma. Solange du dies nicht anerkennst, solange du gegen deine widrigen Lebensumstände noch ankämpfst, wirst du sie auch nicht ändern können.

Darum gibt es aus meiner Sicht absolut nichts zu tun, außer die Verantwortung für unser Leben zu übernehmen und dieses vollkommen anzunehmen. Damit ist allerdings kein hilfloses „sich Ergeben" oder ein fatalistisches „ich kann ja doch nichts ändern" gemeint, denn dann würden wir weiterhin in den alten und uns behindernden Mustern stecken bleiben.

Ich spreche deshalb von einem Bejahen dieser Geschehnisse in der Gewissheit, dass das Leben uns damit im Endeffekt Gutes für uns bewirken möchte. Dann sind wir im vollen Vertrauen, in diesen schwierigen Lebenslagen gut geführt zu werden.

Zwei Dinge verleihen der Seele am meisten Kraft: Vertrauen auf die Wahrheit und Vertrauen auf sich selbst.

Lucius Annaeus Seneca, römischer Philosoph, Naturforscher und Politiker

Selbst Vertrauen

Das Wort Selbstvertrauen habe ich in der Überschrift auseinander geschrieben. Mit dieser Darstellung will ich verdeutlichen, worauf sich dieses Vertrauen bezieht, nämlich auf unseren eigenen göttlichen Aspekt oder auf unser Höheres Selbst.

Aus meiner Sicht sind wir nicht nur ein Teil des Göttlichen, sondern es gibt auch einen höheren Aspekt von uns, der nicht mitinkarniert ist, sondern im Himmel oder in den höheren Ebenen des Seins geblieben ist. Er handelt im Einklang mit Gott oder dem göttlichen Ganzen, zeigt sich uns als unsere geistige Führung und lenkt unsere Wege hier im Irdischen gemäß unseres Seelenplans.

Selbstvertrauen heißt für mich, genau diesem höheren Bewusstsein, unserem göttlichen Selbst, das Vertrauen zu schenken und sich von ihm durch unser Leben führen zu lassen. Vielen Menschen wurde in ihrer Kindheit von den Eltern kein Vertrauen gegeben, und damit vermochten sie nicht zu lernen, Vertrauen ins Leben zu finden. In ihren späteren Jahren als Erwachsene sind sie dann gefordert, das fehlende Vertrauen in sich selbst und in die Schöpfung zu erarbeiten.

Dazu erfahren wir in unserem Leben die unterschiedlichsten Situationen, durch die wir dieses Vertrauen erlernen können. Oft sind es schwere Lebensnöte, existentielle Probleme wie Armut oder

Schulden, lebensbedrohliche Krankheiten, schwere Unfälle oder schwierige Beziehungen, die uns verzweifeln lassen. Genau das ist dann gewollt und in unserem göttlichen Lebensplan vorgesehen.

Diese Erfahrungen sind für uns der Schlüssel, um das nicht vorhandene Selbstvertrauen zu erarbeiten. Dazu geraten wir zum Beispiel in Lebenskrisen, aus denen wir nicht alleine herausfinden können. Hilfe suchend bitten wir dann nach oben, dass uns doch geholfen werden möge. Denn oft erkennen wir erst in einer derartigen Notlage, dass unser Verstand keinen Einfluss auf diese Lebensumstände hat und sind dann erst bereit, nicht mehr gegen sie anzukämpfen, sondern stattdessen loszulassen.

Wenn wir in diesen Momenten unser Leben an das Höhere Selbst übergeben, dürfen wir darauf vertrauen, gut geführt zu werden. Das Höhere Selbst führt uns immer vollkommen. Folgen wir dieser Führung und machen deshalb positive Erfahrungen, vertieft sich das Vertrauen mehr und mehr. Dieser Entwicklungsschritt ist dann das höhere Ziel der Krise gewesen.

Das Abgeben unseres Leids nach oben verschafft uns auch die notwendige innere Befreiung. Wir lassen Erwartungen los und sind nun offen für die Unterstützung durch unsere göttliche Führung. Danach wird es wieder aufwärtsgehen, wenn auch manchmal nur in kleinen Schritten. Schritte, die unser Vertrauen immer mehr stärken. So lange, bis wir es wirklich verinnerlicht haben.

Doch möchte ich dich auch gleich warnen. Na ja, das ist vielleicht etwas übertrieben, denn es gibt nichts Schlimmes, was ich ansprechen möchte. Wenn du mehr Selbstvertrauen für dich gefunden hast, kann es geschehen, dass dich das Leben zu weiteren Herausforderungen führt. Diese sind dann wieder die Chance, noch mehr zu wachsen und zu einem noch bewussteren Menschen im Erkennen deines vollen Potentials zu werden. Hört sich das für dich gut an?

Mit einem tieferen Selbstvertrauen vermagst du, deiner inneren Führung besser zu folgen. Dieses Vertrauen wird dann möglicherweise auf die Probe gestellt. Dies kann auch dazu führen, dass dein Höheres Selbst entscheidet, du wärst jetzt bereit, dein Leben in neue Bahnen zu lenken. Vielleicht sollst du deinen Job kündigen, obwohl du gleichzeitig nicht weißt, wie es weitergeht. Oder du wirst in eine andere Stadt geführt, wo du niemanden kennst und dein Leben neu aufbauen musst.

Meine Herausforderung war im Jahre 2012 eine Reise ganz alleine nach Uganda in den Osten Afrikas, um dort eine Energiearbeit zu machen. Dies war meine erste Reise auf diesen wunderschönen, aber auch wilden Kontinent, und ich hatte große Angst vor dem, was mich dort erwartet. Uganda ist nicht gerade ein touristisch erschlossenes Land und auch nicht so zivilisiert. Als ich meinen Flug buchte, spürte ich neben dieser Angst allerdings ganz deutlich die innere Gewissheit, dass es genau so richtig ist.

Ich habe in meinem 10-tägigen Aufenthalt am Victoriasee viel von dem Land und den Menschen gesehen und sehr bereichernde Erfahrungen gemacht. Es lief auch alles gut, und ich hätte im Grunde genommen keine Angst haben brauchen. Seitdem liebe ich diesen Kontinent, seine Natur und die Menschen sehr. Als ich im Jahre 2018 eine weitere Reise, diesmal ins südliche Afrika mit Besuch der Metropole Kapstadt, der namibischen Wüste und den Victoriafällen in Simbabwe, machte, war diese Angst auch erst noch da. Doch konnte ich mit ihr besser umgehen.

Deshalb bin ich der Meinung: Wo die Angst ist, ist der Weg. Wenn wir die Dinge tun, die uns Angst machen, konfrontieren wir uns bewusst mit ihr. Dann lernen wir, sie anzunehmen und zu akzeptieren und sie wandelt sich in Vertrauen.

Suche nach Sicherheit

Seit unserer Geburt suchen wir nach Sicherheiten in unserem Leben, zuerst in der Familie, in welcher wir aufwachsen, später in unseren Partnerbeziehungen, die wir möglicherweise aus denselben Gründen über eine Ehe absichern.

Wir möchten Sicherheit durch ein geregeltes Einkommen, Sicherheit im Beruf oder durch den Erwerb von Wohneigentum. Wir versuchen, uns gegen Unfälle, unerwartete Krankheitsfälle und sonstige Schäden abzusichern. In Religionen suchen wir nach Glaubenssicherheit und hoffen, schon im Leben Gewissheit darüber zu erlangen, was nach dem Tod mit uns passieren wird. Auf diese Weise sind wir bemüht, alle Risiken abzudecken, um ja so wenig Leid wie möglich erfahren zu müssen

Doch all diese sogenannte Sicherheit ist aus meiner Sicht Illusion, und je mehr wir uns absichern, desto häufiger werden wir möglicherweise Unsicherheiten erleben. Dies wird uns spätestens dann bewusst, wenn Sicherheiten in unserem Leben zusammenbrechen.

Kein noch so gutes Gehalt kann uns vor allen denkbaren Widrigkeiten des Lebens schützen. Unsere Seelenprägungen würden schon dafür sorgen, dass wir in Situationen geraten, in denen wir trotz eines gut genährten Bankkontos finanzielle Schwierigkeiten erfahren. Auch ein großartiger Lottogewinn vermag uns deshalb nur vorübergehend, das Gefühl der Sicherheit zu geben.

Als Beamte haben wir zwar durchaus den Schutz, dass wir nicht gekündigt werden, doch können wir uns nicht immer darauf verlassen, dass wir das ganze Arbeitsleben mit unserer gewählten Tätigkeit zufrieden sein werden.

Und Sicherheit in einer Beziehung? Viele Beziehungen brechen auseinander, von denen wir glaubten, sie seien wirklich glückliche Beziehungen. Wir haben absolut nicht die Sicherheit, mit dem gleichen Partner den Rest unseres Lebens zu verbringen. Auch eine sehr große Seelenverbundenheit zwischen zwei Partnern bietet nicht die Sicherheit, dass eine solche Beziehung nur glückliche Momente voll Harmonie und Segen bringt.

Wenn wir als gläubige Menschen ständig darum bitten, vor geistigen oder irdischen Angriffen oder vor Unglücksfällen aller Art beschützt zu sein, bietet dies auch keine wirkliche Sicherheit vor unangenehmen Erfahrungen. Da ist es aus meiner Sicht hilfreicher, darum zu bitten, in schwierigen Momenten vollkommen geführt zu sein, um die aktuelle Lernaufgabe besser bewältigen zu können.

Es heißt zwar immer so schön, die Sicherheit finden wir nur in uns selbst – doch wie geht das? Wie erschaffen wir sie uns, wenn wir sie bisher nicht gefühlt haben? Aus meiner Sicht geschieht dies dadurch, dass wir aufgeben, nach einer Sicherheit zu suchen und wir erkennen, dass äußere Sicherheiten reine Illusionen sind.

Und wer darauf vertraut, dass alles, was ihm in seinem Leben bisher begegnet ist und zukünftig noch begegnen wird, eine Bedeutung hat und notwendige Erfahrungen enthält, der weiß, dass er alle Krisen auch wirklich bewältigen kann. Mit diesem Bewusstsein benötigen wir keine Sicherheit mehr im Außen, dann haben wir sie im Vertrauen in das Leben gefunden.

Hinter der Suche nach Sicherheiten ist immer eine Angst verborgen, z. B. Angst davor, nicht ausreichend versorgt zu sein oder dass uns nicht geholfen wird oder eine Angst zu versagen. Oftmals treffen wir Entscheidungen aus einer solchen Angst heraus, mit dem Ergebnis, dass sie uns nicht wirklich im Leben weiterbringen.

Viel wertvoller ist es für mich, diese Ängste mal beiseite zu lassen, stattdessen nach unserer inneren Stimme zu lauschen und auf sie zu hören. Je mehr Vertrauen wir in diese innere Führung aufgebaut haben, desto besser sind wir dazu in der Lage.

Du bist O.K.!

Bitte sei jetzt sehr aufmerksam, denn ich habe dir etwas besonders Wichtiges zu sagen. Lies die nachfolgenden Sätze bitte möglichst offen und unvoreingenommen. Versuche, beim Lesen nicht sofort vom Kopf her zu entscheiden, ob dies für dich richtig ist oder nicht. Darum geht es auch gar nicht. Wichtig ist, zu fühlen, was ich dir neben den Worten als die eigentliche Botschaft vermitteln möchte:

Die Botschaft

Bitte mache dir bewusst, dass an dir nichts falsch ist und dass du noch nie in deinem Leben einen Fehler begangen hast. Wer diese Dinge über dich behauptet, sieht dich nur aus einer begrenzten Perspektive und erkennt nicht dein wahres Wesen.

Bitte mache es dir bewusst: Du bist vollkommen O.K.!

Du bist genau so beschaffen, wie Gott, deine Seele, dein Höheres Selbst, das Universum dich erschaffen wollten.

Nichts an dir ist fehlerhaft. All deine Denk- und Verhaltensmuster, all deine von dir nicht geliebten Charaktereigenschaften, deine verschlossene Art, mit welcher du Gefühle blockierst, deine scheinbar zu große Sensibilität, deine Wut, dein Hass, dein inneres Leid, deine Traurigkeit, deine Lieblosigkeit, deine Ängste, dein Mangeldenken, dein fehlender Glaube, deine fehlende Stärke, deine Ohnmacht sind genau so gewollt und ein entscheidender Bestandteil deines Lebens.

Du wärst nicht der- oder diejenige, der/die du sein sollst, wenn diese als negativ bezeichneten Eigenschaften an dir fehlen würden. Du würdest nicht ganz sein in deiner Art, wie du bist.

Du hast auch bisher immer alles in deinem Leben richtig gemacht. Du hast immer so gehandelt, wie du es bestmöglich vermochtest und hast noch nie eine Fehlentscheidung getroffen. Du hast dein Leben immer nach bestem Wissen und Gewissen gelebt. Darum hast du in deinem Leben auch noch niemals versagt.

Dass du diese Wahrheit bisher selbst aus einer anderen Sicht gesehen hast, dich selbst nicht so vollkommen betrachten konntest, an dir gezweifelt hast, dich schuldig gefühlt und ständig danach gestrebt hast, dich so zu verhalten, dass du von deinen Mitmenschen angenommen und akzeptiert – sprich geliebt – wirst, mögest du dir jetzt vergeben. Auch das gehörte zu deinem Seelenweg und ist genau so gewollt.

Daran erkennst du vielleicht, dass es gar nicht darauf ankommt, von Mitmenschen geliebt und angenommen zu werden. Denn indem sie dich nicht anerkennen, handeln sie genau richtig, in vollkommener Übereinstimmung mit ihrem und deinem Seelenweg.

Fordere oder erwarte also nicht mehr deren Anerkennung. Das ist nun auch nicht mehr nötig, jetzt wo du weißt, dass du O.K. bist, so wie du BIST.

Es ist sehr wichtig, dass Ihr die grundsätzliche Unschuld aller Gefühle erkennt, denn jedes von ihnen wird – sich selbst überlassen und durchempfunden – Euch zur Wirklichkeit der Liebe zurückführen.

Jane Roberts (Medium)/Seth

Das Herz öffnen

In dem Kapitel „Seelenwege“ habe ich geschrieben, wie sich in einem entscheidenden Moment der Krise mein Herz öffnete. Deshalb möchte ich nun erläutern, was ich darunter verstehe und wie wir dies lernen können.

Wenn ich von unserem Herzen spreche, meine ich natürlich nicht das physische Organ, welches unseren Körper am Leben erhält, indem es stetig Blut durch die Adern pumpt. Es geht mir um unser spirituelles oder unser fühlendes Herz. Dieses befindet sich im Bereich des Herzchakras in der Mitte der Brust. Es wirkt nicht nur energetisch, sondern mehr seelisch oder psychisch. Es ist unsere emotionale Verbindung zu unserer Außenwelt.

Mit einem geöffneten Herzen vermögen wir, unsere Mitmenschen zu fühlen und nehmen sie emotional wahr. Andersherum fühlen unsere Mitmenschen auch uns, wenn unser Herz geöffnet ist. Sie spüren, dass wir es ehrlich meinen und sie uns vertrauen können. Denn mit einem offenen Herzen können wir nicht lügen oder betrügen. Andersherum ist es genauso. Wenn wir einem Mitmenschen unser Herz öffnen, fühlen wir ihn auch und nehmen ihn so wahr, wie er wirklich ist.

Sein Herz zu öffnen, bedeutet für mich im Grunde genommen, sich dem Leben zu öffnen. Ich agiere dann nicht mehr aus einer Angst, einer Schuld oder Ohnmacht heraus, sondern bin offen für neue Begegnungen und neue Impulse. Ich sprühe dann vor Glück, vor Freude, vor Lebensenergie. Wenn uns ein Mensch mit einem offenen Herzen begegnet, spüren wir diese positiven Energien, die er ausstrahlt, und wir fühlen uns in seiner Nähe wohl.

Mit einem offenen Herzen macht unser Leben wieder Freude, weil wir offen sind für das Schöne, Spannende und Einzigartige im Leben. Wir haben eine positive Einstellung und gehen spontaner und neugieriger auf Mitmenschen zu. Dann sind Sätze wie „Don't worry – be happy!" nicht nur Sprüche, die uns motivieren oder aufmuntern sollen, wenn es uns nicht gut geht. Wir SIND dann happy oder glücklich.

Sein Herz zu öffnen, ist oft nicht so einfach, wie es sich vielleicht liest, oder vielleicht doch? Es gehört auch Mut dazu, sich dem Leben oder anderen Menschen auf diese Weise zu zeigen. Sein Herz zu öffnen, verändert deshalb wirklich etwas in unserem Leben, und wir können danach auch erst so richtig ins Tun kommen.

Wie kannst du nun lernen, dein Herz zu öffnen? Dazu gäbe es viele Antworten. Am einfachsten empfinde ich diese: Schau dir etwas Schönes an oder etwas, was dich innerlich berührt. Das kann eine schöne Landschaft sein, ein Bild, es kann deine Lieblingsmusik sein, ein begeistert spielendes

Kind oder ein turtelndes Pärchen, welches dir gerade begegnet.

Dann lass dich davon berühren, schau dir die Schönheit der Dinge an, das Strahlen der Menschen. Nimm dies einfach nur wahr. Solltest du neidisch werden oder andere Emotionen in dir hochkochen, nimm auch sie nur wahr und beobachte sie. Achte darauf, welche Gedanken sich dir zeigen und schiebe diese dann sanft und vorsichtig beiseite, so wie Wolken sich an einem strahlend blauen Sommertag ruhig über den Himmel bewegen.

Spüre deinen Atem, beobachte ihn, ohne ihn kontrollieren zu wollen. Atme ruhig und tief. So kannst du lernen, bei dir zu bleiben, in die Ruhe zu finden, dein Herz zu öffnen und einfach nur zu sein. Im Wesentlichen sind dann all die Gedanken, welche uns ständig durch den Kopf gehen, ausgeschaltet, und wir sind nicht bemüht, alles, was wir sehen oder hören, einzuordnen in Richtig oder Falsch, Gut oder Schlecht.

Wenn wir uns stattdessen die Welt wieder unvoreingenommen oder staunend anschauen, wie ein Kind, können wir uns wieder so richtig an ihr erfreuen und sind auch offen für die leise innere Stimme unseres Herzens. Für mich beschreibt Antoine de Saint-Exupéry diesen Zustand in dem Buch „Der kleine Prinz" mit dem Satz „Man sieht nur mit dem Herzen gut…".

Wenn du dich vor längerer Zeit mal an einem besonderen Ort befunden hast oder irgendwann ein Erlebnis hattest, bei dem sich dein Herz öffnete, so kannst du diese Situation jederzeit für dich nutzen. Erinnere dich wieder, wie du dich damals gefühlt hast. Mit der Erinnerung kommt auch jetzt das Gefühl wieder, und dein Herz öffnet sich wie damals. Eine solche herzöffnende Erfahrung muss also nicht jetzt real geschehen, es reicht die Erinnerung daran.

Sei gut zu dir

Auch wenn dich deine Mitmenschen ständig aufregen, das Schicksal dich beutelt und keiner zu dir steht, sei wenigstens du gut zu dir.

Du bist das Wertvollste, was du hast. O.K., da ist sicherlich deine Familie, die dir noch wichtiger ist, weil du sie ja sehr liebst. Doch was hat deine Familie davon, wenn es dir nicht gut geht? Nichts. Dann nervst du nur und kannst ihr auch nichts Gutes tun.

Nur wenn wir selbst in unserer Kraft sind, wenn wir uns wohlfühlen, fühlen sich auch die Menschen in unserem Umfeld mit uns wohl. Darum fängt für mich alles bei uns selbst an. Das ist aus meiner Sicht weder Egoismus noch Überheblichkeit, sondern ich nenne es Selbstliebe.

Bitte verwechsele Selbstliebe nicht mit Narzissmus. Ich spreche hier eine gesunde Form der Selbstliebe an, die für uns sogar überlebenswichtig ist. Wir erreichen sie wieder über die Herzöffnung, über das Öffnen unseres Herzens für uns selbst.

Sich Gutes tun, ist ganz einfach, indem wir auf unsere innere Stimme hören oder auf das Bauchgefühl. Mir ist es wichtig, dass du dich selbst achtest, für dich da bist und dich um dich selbst kümmerst, im Grunde genommen so, wie du es für eine andere geliebte Person machen würdest.

Du kannst dir auch vorstellen, wie du mit einem

Kind umgehen würdest. Jeder von uns hat ein solches Kind in sich, auch wenn wir erwachsen geworden sind. Ich nenne es das innere Kind. Es ist ein Anteil von uns selbst, der in den ersten Jahren unseres Lebens geprägt worden ist. Dieses innere Kind ist total wichtig, denn es hat Einfluss auf unser ganzes Leben.

Dieses innere Kind hatte Bedürfnisse, die nicht immer erfüllt wurden. Das setzte sich dann in der späteren Kindheit oder der Jugendzeit fort. Auch als Erwachsener hast du diesen verletzten, sensiblen, kindlichen Aspekt immer noch in dir und sein Trotz, seine Wut, seine Hilflosigkeit oder Ohnmacht können dich in deinem Leben auch heute noch behindern.

Dir Gutes zu tun, bedeutet für mich deshalb, deinem inneren Kind Gutes zu tun: für das Kind da zu sein, es zu trösten, es lieb zu haben oder in den Arm zu nehmen. Sicherlich wirst du es nicht körperlich in die Arme schließen können, doch du kannst dies gedanklich tun. Stell dir einfach vor, da ist ein kleines Kind und du möchtest dieses Kind trösten, du öffnest ihm dein Herz und umarmst es liebevoll.

Das ist schon alles. Es geht nämlich nur um das Gefühl, welches du für dich selbst wahrnimmst. Das Gefühl, welches du für jemand anderen, und sei es auch nur dein inneres Kind, fühlst, überträgt sich automatisch auf dich selbst.

Jetzt kannst du deinem inneren Kind Fragen stellen: Wie fühlst du dich? Was fehlt dir? Was benötigst du im Moment am meisten? Womit kann ich dir eine Freude machen?

Wenn du im Gefühl bleibst, werden die Antworten auch weniger materiell sein, wie Schokolade oder ein Erdbeereis, eine Weltreise, ein Mercedes Cabrio, ein Haus mit Swimmingpool etc. Die Antworten werden dann auch auf der Gefühlsebene entstehen. Das könnte sein, getröstet zu werden, Anerkennung zu erhalten, Aufmerksamkeit zu bekommen oder Schutz zu erfahren.

Das sind unsere Urbedürfnisse, und die gilt es, jetzt dem inneren Kind auf der Gefühlsebene zu geben. Alles andere ist dann unwichtig und ist oftmals Ersatzbefriedigung für das, was wir emotional nicht erhalten haben. Das bedeutet nicht, dass du dich nicht trotzdem bemühen solltest, Wünsche deines inneren Kindes zu erfüllen. Denn oftmals benötigt es auch solche Dinge, damit es wieder Vertrauen zu dir aufbauen kann.

Deshalb gehört es für mich dazu, dass du tief in dich hineinfühlst, was deine persönlichen Wünsche sind. Gibt es einen Ort, zu dem du gerne reisen möchtest? Oder ist da ein Film, den du gerne wieder sehen möchtest? Vielleicht geht es um einen Anruf oder den Besuch bei jemandem, den oder die du schon lange nicht mehr gesprochen oder gesehen hast?

Es können Kleinigkeiten sein, die nicht viel Geld oder viel Aufwand bedeuten müssen. Schon die können dir helfen, ein positives Gefühl zu dir aufzubauen. Wichtig ist, dir die Dinge zu erlauben, die dich wirklich erfreuen, die du dir vielleicht schon seit Langem erfüllen möchtest, nur noch keine Zeit dafür hattest. Oder anders ausgedrückt: Nimm dir Zeit für dich.

Manchmal weiß man allerdings nicht so richtig, was einen wirklich erfreut. Dann gilt es, erst einmal herauszufinden, was dich wirklich begeistert, was dir wirklich Erfüllung bringt. Wenn du in dich hineinfühlst und dein Herz hiernach befragst, wird es dir antworten.

Vielleicht wirst du die Antwort nicht sofort erhalten. Es kann sein, dass du gerade nicht offen für sie bist. Das ist dann vollkommen in Ordnung. So warte bitte ab, sie kommt dann vielleicht im Laufe des Tages, wenn du entspannter bist, oder in der Nacht, am nächsten Morgen oder zu einem späteren Zeitpunkt.

Habe keine Eile damit und lerne deshalb, Geduld mit dir zu haben. Was mir auch sehr geholfen hat, war das Versprechen, immer für mich da zu sein. Dieses Versprechen habe ich meinem inneren Kind immer wieder gegeben.

Natürlich wird es Situationen geben, in denen du ein solches Versprechen nicht zu halten vermagst und deshalb für dein inneres Kind nicht wie gewünscht sorgen kannst. Das ist ganz normal. Wichtig wäre in solchen Momenten, dass du deinem inneren Kind zu verstehen gibst, dass es solche Situationen geben kann und diese auch im Alltag immer wieder vorkommen können, dass du es aber trotzdem liebst.

Liebe ist immer bedingungslos. Unsere Lernaufgabe als Mensch besteht für mich auch darin, zu lernen, bedingungslos zu lieben. Andere Menschen können wir auch erst dann wirklich lieben, wenn wir uns selbst lieben. Nur die Aufmerksamkeit, die Anerkennung, die Liebe, welche wir uns selbst geben, vermögen wir dann anderen zu geben. So steht es auch in der Bibel in Galater, Kapitel 5, Vers 14: „Liebe deinen Nächsten, wie dich selbst."

Wenn du diese Regeln für dich befolgst, wirst du feststellen, wie sich deine Umwelt wandelt, du von ihr mehr Verständnis und Aufmerksamkeit erhältst und dein Leben dadurch glücklicher und zufriedener wird.

Wer immer nur das tut, was er schon kann,
bleibt immer nur das, was er schon ist.

Henry Ford, Unternehmer/Autobauer

Mut zu Veränderungen

Leben bedeutet Veränderungen. Angefangen von unserer Zeugung bis zum Tod erleben wir ständig Veränderungen. So wie sich unser Körper immer wieder verändert, so verändern wir uns in unserem Denken und Fühlen jeden Tag mit jedem neuen Erlebnis, jeder neuen Erkenntnis und mit jeder neuen Erfahrung. So sind wir morgen nicht mehr diejenigen, die wir gestern noch waren.

Nichts ist deshalb beständiger in unserem Leben als dieser Wandel. Das ist vergleichbar mit einem Fluss. Von ihm wird auch gesagt, wir steigen nie zweimal in den gleichen Fluss. Denn er fließt immer weiter und transportiert ständig neues Wasser an uns vorbei dem Ozean entgegen.

Diese Veränderung geschieht aber nicht zufällig oder chaotisch, sondern sie ist zielgerichtet. Das Ziel ist, sich zu immer größerer Bewusstheit zu entwickeln. Als Kinder entwickeln wir ein Ich, das festigt sich in der Jugendzeit zu einer Persönlichkeit, mit der wir dann als Erwachsene die Reife erlangen, Verantwortung für unser Leben zu übernehmen.

Nichts anderes verfolgt auch unser Seelenplan. In ihm ist vorgegeben, wie wir uns weiterentwickeln und wie wir bewusster werden. Er gibt unserer Entwicklung eine Bedeutung. Weil dies so ist, ist jede Veränderung, die wir erleben, für uns sinnvoll. Dies ist für mich eine universale Gesetzmäßigkeit, auf die wir vertrauen können.

Diese Entwicklung lässt sich nicht aufhalten, noch nicht einmal verzögern. Wenn wir uns weigern, erwachsen zu werden, werden wir verstärkt Krisen erfahren, und das Leben wird für uns dadurch noch komplizierter, als es bereits ist.

Vielleicht kennst du das auch, dass du dich in deinen jungen Jahren mal gefragt hast, ob du nicht weiterhin hättest ein Kind bleiben können? Denn damals war das Leben ohne Verantwortung viel einfacher. Doch das geht nicht. Die Veränderungen kommen unweigerlich, ohne dass sie von irgendjemandem beeinflusst werden können, weder von dir selbst noch von deinen Eltern.

Wenn wir an unserem bisherigen Leben festhalten und Angst davor haben, uns zu verändern, erleben wir die Konflikte und Krisen, die von uns die besagte Veränderung fordern. Denn, wie schon gesagt: Das Leben will Veränderung im Sinne von Entwicklung hin zu mehr Bewusstheit. Dadurch erfährt sich das Leben oder die Schöpfung durch sich selbst und erkennt sich immer umfassender und ganzheitlicher.

Nehmen wir diese Veränderung in unserem Leben an, werden wir belohnt, indem sie uns auf eine Weise bereichert, wie wir es bis dahin nicht erfahren haben. Deshalb ist es gut, mutig zu sein und diese Veränderungen anzunehmen. Das kann eine neue

Partnerschaft sein, eine neue berufliche Herausforderung, ein Umzug in eine andere Wohnung, vielleicht sogar hin in eine neue Umgebung.

Bei solchen Veränderungen wirkt oft eine Angst mit, dass es uns in dem neuen Leben vielleicht nicht mehr so gut geht wie bisher. Das könnte eine Angst sein, den derzeitigen Status-Quo zu verlieren oder wir haben eine Bequemlichkeit entwickelt, die wir nicht aufgeben möchten.

Doch was hat da eigentlich Angst vor den Veränderungen? Aus meiner Sicht ist es der Verstand oder das Ego, weil es den Sinn dieser Entwicklung aus seiner begrenzten Sichtweise nicht überblicken kann. Um diese Veränderung mutig angehen zu können, ist es deshalb sinnvoll, die eigenen Entscheidungen nicht von diesen ängstlichen Anteilen in uns abhängig zu machen. Die Konfrontation mit der Angst vor dem Neuen oder vor dem Fremden ist deshalb auch der Weg zu mehr Vertrauen.

Wenn es darum geht, Veränderungen mutig anzugehen, ist oft auch unser Wille gefragt. Haben wir den Willen, dies zu tun? Der Mensch ist von Natur aus träge, was ich immer wieder bei mir selbst feststelle. Ehe ich in meinem Leben wirklich etwas veränderte, musste mich das Universum oder meine geistige Führung schon ziemlich stark darauf aufmerksam machen.

Das ist wie mit dem Wink mit dem Zaunpfahl. Wenn

wir alle vorherigen Signale nicht wahrgenommen haben, wird es immer heftiger. Und da kann dann schon mal eine Erkrankung auftreten, die uns die notwendige Auszeit verschafft, damit wir über uns und unser Leben nachdenken und erkennen, was gerade ansteht.

Haben wir dies erkannt, gehört auch der Wille dazu, die Veränderung bewusst anzugehen. Deshalb wünsche ich dir neben dem Mut auch den notwendigen Willen, dein Leben jetzt zu wandeln.

通 道
UNIVERSAL
六十甲子簽

Erwachsen werden

Wie ich in den vorangegangenen Kapiteln bereits erläutert habe, geschehen die Konflikte und Krisen in unserem Leben nicht zufällig. Sie haben den Sinn, uns weiterentwickeln zu lassen, damit wir zu reiferen und erwachseneren Menschen werden.

Zum Erwachsenwerden gehört für mich dazu, bewusster mit unserem Ego und allen Emotionen umzugehen. Das bedeutet, auch einmal zurückstecken zu können, ohne gleich beleidigt zu sein. Wir sollten ruhiger und gelassener durchs Leben gehen können und nicht mehr, wie kleine Kinder, alles und jedes „haben müssen" und anfangen zu schreien, wenn wir es nicht kriegen. Wenn deshalb ein Mensch immer schnell beleidigt ist und dann aus seinem verletzten Ego heraus handelt, ist er aus meiner Sicht nicht wirklich erwachsen.

Deshalb ist es kindisch, wenn wir ständig damit beschäftigt sind, recht bekommen zu wollen oder überall unseren „Senf" dazugeben müssen. Es sollte auch vollkommen in Ordnung sein, wenn unsere Mitmenschen nicht der gleichen Meinung sind wie wir. Denn wir sind nicht der Nabel der Welt, und wenn sich nicht alles um uns dreht, geht dadurch die Welt nicht unter.

Also lieber tief durchatmen und erst einmal abwarten, was geschieht. Wenn ich eine E-Mail erhalte, über die ich mich aufrege, oder mir jemand in Internet-Foren beleidigende Antworten auf meine Beiträge gibt, dann schlafe ich eine Nacht darüber und reagiere erst dann. Das wirkt ungemein deeskalierend und tut allen Beteiligten gut. Diese Vorgehensweise kann ich somit wärmstens empfehlen.

Zum Erwachsenwerden gehört für mich auch dazu, zu lernen, anders mit den eigenen Emotionen umzugehen. Unsere Emotionen wie Wut, Ärger, Neid, Eifersucht, Hass, Ängste und Schuldgefühle sind ein wertvoller Teil von uns. Sie gehören zu uns und deshalb bringt es nichts, zu versuchen, sie loszuwerden. Doch wie sollten wir mit ihnen stattdessen umgehen?

Ich erkläre es am liebsten am Beispiel der Wut. Wenn wir wütend sind, gibt es drei Möglichkeiten. Die erste ist, sie in sich hineinzufressen. Dann unterdrücken wir die Wut und lassen sie nicht raus. Das ist nicht gut für die Gesundheit und für unsere seelische Verfassung. Da wir die Wut nach außen nicht zeigen, vermag unsere Umwelt auch nicht zu erkennen, was wir fühlen. Sie hat dann Schwierigkeiten, unser Verhalten einzuordnen und mit uns umzugehen.

Die zweite Variante entsteht auch aus einer Unterdrückung der Wut. Wir kompensieren dies nur, lassen die Wut raus und richten sie gegen unsere Mitmenschen. Das ist auch weder gut für uns noch für unsere Umwelt. Diese weiß zwar dann, dass wir wütend sind, aber sie fürchtet ständig unsere Wutausbrüche.

So ein Wutausbruch hilft uns auch nicht wirklich beim Umgang mit der Wut, denn sie wird dadurch aus meiner Erfahrung nicht weniger. Wir werden sie also nicht los, indem wir sie ständig rauslassen. Denn wenn sich ein paar Tage später wieder eine vergleichbare Situation ergibt, ist diese Emotion wieder da, und wir reagieren erneut nach dem gleichen Muster. Es ändert sich also nicht wirklich etwas, da wir auch hier nicht wirklich lernen, mit ihr umzugehen.

Das geschieht erst mit der dritten Variante, in der wir die Wut in uns wahrnehmen und als einen wertvollen Energie- oder Bewusstseinsanteil von uns betrachten. Genau das möchte die Wut. Sie steigt immer wieder in unser Bewusstsein auf, damit wir sie endlich würdigen, wertschätzen, wahrnehmen, respektieren oder achten. Das sind alles vergleichbare Worte, mit denen ich diesen Zustand des Annehmens beschreiben kann. Wähle für dich einfach jenen Ausdruck, mit dem du am meisten anfangen kannst.

Wenn du gerne mit dem göttlichen Segen arbeitest, kannst du deine Wut und andere Emotionen auch segnen. Dies hilft dir auch, ihnen gegenüber dein Herz zu öffnen und sie anzunehmen. Dann unterdrückst du sie nicht mehr und lässt sie auch nicht unkontrolliert raus. Durch dieses Würdigen oder Wertschätzen machst du sie quasi zu deinem Freund und dadurch lernst du, mit ihnen bewusst umzugehen.

Wenn du dann das nächste Mal wieder wütend wirst, kannst du die in dir hochkochende Wut bewusst wahrnehmen und in sie hineinfühlen. Die Wut liebt es, gefühlt zu werden. Danach kannst du drei oder viermal tief ein- und ausatmen und in Ruhe entscheiden, wie du auf diesen Mitmenschen reagieren möchtest, der dich gerade wütend gemacht hat. Auf diese Weise kann man jeden zwischenmenschlichen Konflikt bereinigen.

Ich kann von mir zum Beispiel sagen, dass es niemanden in meinem Umfeld gibt, mit dem ich nicht klarkomme. Auch wenn es Menschen gab, mit denen ich größte Schwierigkeiten hatte, habe ich ihnen nie einen Vorwurf gemacht oder sie für ihr Verhalten verurteilt.

Erwachsen zu sein, bedeutet für mich deshalb auch, meinem Umfeld für Konflikte nie die Schuld zu geben, sondern die Ursachen immer bei mir selbst zu finden. Dadurch nehme ich die Verantwortung für alles an, was ich verursache und für alle Emotionen, die ich in mir wahrnehme.

Ist wirklich alles gut?

Diese Frage zu stellen, ist für mich absolut berechtigt, gerade wenn du mitten in einer Krise steckst oder wenn du dir anschaust, wie es da draußen in der Welt aussieht. Da verhungern täglich Kinder, die Erde wird weltweit radikal ausgebeutet und verschmutzt, und korrupte Politiker hauen sich die Taschen mit Reichtümern voll. Andere verursachen Massaker an ihrer Bevölkerung, und Rassismus und Intoleranz scheinen zuzunehmen.

Vielleicht stehen bei dir Veränderungen in deinem Leben an, welche dir Bauchschmerzen verursachen, oder dich bedrücken Zukunftsängste, weil du durch eine wirtschaftliche Krise deinen Arbeitsplatz verlieren könntest, die Börsen zusammenbrechen könnten, es hier im zivilisierten Westen auch mehr Gewalt und Totschlag auf den Straßen geben könnte.

Vielleicht weißt du aber auch in deinem Leben nicht mehr ein und aus. Du erstickst an deiner Arbeit, deine Kinder fordern mehr von dir, als du ihnen geben kannst, du findest keine Ruhe mehr im Leben, weißt nicht mehr, was richtig und falsch ist, fühlst dich ohnmächtig oder hilflos, irgendeine sinnvolle Entscheidung zu treffen. Dann ist sicherlich erst einmal nicht alles gut. Klar, da bin ich voll und ganz bei dir. Das kann ich verstehen und nachvollziehen.

Wie schon gesagt, kannst nur du etwas in deinem Leben ändern. Niemand anderes vermag dies für dich zu tun, kein Vater und keine Mutter, kein Chef, kein lieber Gott oder ein Universum, welches dir alle deine Wünsche erfüllen soll.

In den vorherigen Kapiteln schreibe ich, dass unser Leben einem höheren Plan folgt, dass alles einen Sinn hat und wir nur dann zu einem erfüllten und glücklichen Leben gelangen, wenn wir unsere irdischen Wünsche und Erwartungen zurückschrauben und uns auf die höhere Weisheit einlassen. Dieses Einlassen oder Sichöffnen für die höhere Weisheit ist die wichtigste Entscheidung, die es aus meiner Sicht zu treffen gilt. Danach, und wirklich erst danach, geht es darum: Was willst du tun?

Jetzt gibt es zwei Möglichkeiten. Die erste: Du kannst nichts an dem ändern, was dich stört. Entweder kannst du im Moment nichts tun oder du hast als einzelner Mensch keinen Einfluss darauf. Das ist zum Beispiel der Fall, wenn es um die große Politik geht, um Dinge, die nicht im eigenen Land geschehen etc.

Wenn du etwas nicht ändern kannst, gibt es zwei Verhaltensvarianten. Entweder du ärgerst dich weiterhin darüber, regst dich auf, schimpfst wütend herum, bekommst irgendwann ein Magengeschwür und machst damit alles nur noch schlimmer. Oder du akzeptierst die Ereignisse, wie sie sind.

Dieses Akzeptieren heißt ja nicht, dass du sie gutheißt. Du musst nicht gut finden, was die Machthaber in Afrika mit ihren Bevölkerungen machen, wie große Lebensmittelkonzerne die Menschen beim Trinkwasser ausbeuten oder Wale abgeschlachtet werden. Deine Reaktion darauf ist nur eine andere. Eine, die dir gesundheitlich besser tut und dir vielleicht mehr Möglichkeiten bietet, auf eine individuelle Weise wirklich zu helfen, in der Form, wie du es als „kleiner Mensch" hier im Westen tun kannst.

Denn es geht allein um dich und um die Art und Weise, wie du mit dir selbst umgehst. Und wenn du dich selbst verurteilst oder dir selbst Vorwürfe machst und jammerst, dass du ja doch nichts tun kannst, wirst du damit am wenigsten etwas ändern können. Die bessere Antwort wäre deshalb jene, eine andere Einstellung zu den Dingen zu bekommen, die du nicht ändern kannst.

Dann gibt es die Ereignisse, welche du ändern kannst, wie den Chef anzusprechen, dass du deine Arbeit nicht mehr schaffst, deinen Partner/deine Partnerin auf deine Bedürfnisse in der Beziehung anzusprechen, mit deinen Kindern einen Plan zu machen, wie ihr besser miteinander auskommt etc. Wahrscheinlich findest du nur im Moment den Mut nicht, dies zu tun, hast Angst davor, abgelehnt oder verurteilt zu werden.

Die Antwort liegt darin, wie offen du mit dir und

deinen Mitmenschen umgehst. Denn durch offene Gespräche bieten sich dir aus meiner Sicht immer hilfreiche Lösungen für solche Konflikte oder Krisen. Ich bin auch der tiefen Überzeugung, dass wir jeden Konflikt und jede Krise lösen können. Gemäß unseres Seelenplans haben wir dafür mit der Geburt in dieses Leben auch alle notwendigen Fähigkeiten mitbekommen.

Neben diesen Fähigkeiten oder Potentialen erhalten wir auch wertvolle Unterstützung durch die geistige Welt. Denn, wie schon erwähnt, sie möchte, dass es uns gut geht und deshalb wird uns immer geholfen. Es gehört nur unsere Bereitschaft dazu, diese Unterstützung anzunehmen.

Wenn du das Gespräch gesucht hast und sich Lösungen gefunden haben, war dann die Krise oder der Konflikt nicht dazu gut, genau diese Entwicklung bewusst zu machen? Oder bist du dann weiterhin der Meinung, dass du auch neue Lösungen oder sich daraus entwickelnde tiefere Beziehungen gefunden hättest, wenn die Krise oder die Konflikte nicht da gewesen wären?

Dies sind meine Antworten. Ob diese Anregungen für dich stimmig sind und ob du ihnen folgst oder nicht, das entscheide bitte für dich selbst. Mir haben sie geholfen, und ich wünsche dir von ganzem Herzen, dass es für dich auch so sein wird.

Ich wünsche dir, dass du auf diese Weise deinen für

dich bestimmten Lebensweg findest, dass er dich zu einem erfüllten, glücklichen, reichen, gesunden und freudvollen Leben führt. Und das ist für mich der wahre Sinn unseres Menschseins hier auf der Erde.

Gott, gib mir die Gelassenheit, Dinge hinzunehmen, die ich nicht ändern kann, den Mut, Dinge zu ändern, die ich ändern kann, und die Weisheit, das eine vom anderen zu unterscheiden.

Gebet von Reinhold Niebuhr, amerikanischer Theologe und Philosoph

Der Ozean des reinen Bewusstseins

Einst waren wir reines Bewusstsein in einem göttlichen Ozean aus reinem Bewusstsein schwebend. Alles war eins, alle waren miteinander vereint in tiefer Harmonie, in der vollkommenen Liebe, im alles umfassenden Sein.

So lebten wir Äonen in der Harmonie des ewigen Seins. Wir kannten uns alle, spürten unsere Essenz und wussten, dass wir alle gleich sind. Äonenlang waren wir alle gleich im Licht und Bewusstsein.

Nach vielen Äonen kam ein Gedanke auf, tief in uns. Erst war er sehr leise, kaum wahrnehmbar. Doch er wurde deutlicher, und wir erkannten ein Sehnen. Es war das Sehnen danach, mehr zu erfahren.

Da war eine Ahnung, dass es außerhalb dieses Ozeans aus reinem Bewusstsein noch etwas anderes geben könnte, dass es dort mehr zu erfahren gäbe, als immer nur das Einssein miteinander, über Äonen.

So machten wir uns auf den Weg hinaus aus dem Ozean. Wir entfernten uns immer weiter von der Quelle, die Energien wurden schwerer, die Gedanken wurden konkreter.

Je weiter wir uns von der Quelle entfernten, desto niedriger wurde unsere energetische Schwingung. Die Wahrnehmung vom Einssein nahm ab, und wir erfuhren uns noch tiefer, als wir es bisher für möglich hielten. Es wurde dichter und dunkler um uns herum.

Wir kamen an einen Punkt, an dem wir eine Entscheidung treffen mussten. Wollten wir noch weiter hinab, wollten wir uns noch tiefer erfahren? Dann war es nötig, eine Seele zu kreieren. Sie wurde zwischen dem reinen Bewusstsein und dem Erfahrungskörper eingerichtet, welcher uns noch vielfältigere Räume der Erfahrung ermöglichte.

Die Mutigsten unter uns taten dies. Andere blieben auf dieser Schwingungsebene und unterstützten sie von dort aus mit besten Kräften und mit ihrer ganzen Liebe.

Wer sich einen Seelenkörper kreierte, zoomte einen weiteren Aspekt von sich noch tiefer in die Dichte, nicht ahnend, was es dort zu erfahren gab.

Der Bewusstseinsaspekt, der sich aus dem reinen Bewusstsein abspaltete, ging durch einen Kanal aus Licht tiefer und immer tiefer in die Dunkelheit hinein, in die weiteste Trennung von der Quelle, in die größte Gottesferne.

Er gebar dich, mit deinem Körper, mit deinen Gefühlen und Ängsten, mit deinen Sehnsüchten und Hoffnungen.

Durch die Trennung von der Quelle stieg in dir das Gefühl tiefer Einsamkeit und Verlorenheit auf. Daraus kreiertest du deine Ängste, deine Sehnsüchte nach Aufmerksamkeit, nach Anerkennung, nach dem Geliebtwerden.

Die Erfahrung der Trennung von der Quelle erzeugte einen Schmerz. Weil er so heftig war, dass du ihn nicht mehr fühlen mochtest, hast du ihn und die Ängste verdrängt. Dann verdecktest du die schmerzliche Wunde mit Emotionen wie Wut, Eifersucht, Neid oder Hass.

Du erschufst dir auch einen Verstand, mit dem du dich in der Welt der Schwere besser zurechtfinden konntest. Dazu kam auch das Ego, welches dir half, in dieser Welt zu überleben.

So ging es viele Jahrtausende, viele Inkarnationen lang in vielen Körpern, Kulturen, Gemeinschaften und Welten. Unendliche Erfahrungen haben die Seele seitdem bereichert und haben diese an das reine Bewusstsein in den höheren Ebenen weitergegeben, bis zurück zum Ozean der Quelle.

Das reine Bewusstsein lernte sich selbst erkennen. Es erfuhr seine Einzigartigkeit und sah sich nicht mehr als den immer gleichen Tropfen unter vielen anderen gleichen Tropfen eines unendlichen Ozeans. Es spürte sich, erkannte sich mit seinen einmaligen Fähigkeiten und Potentialen.

Als das reine Bewusstsein alle denkbaren Erfahrungen gemacht und sich auf diese Weise vollkommen und gesamtheitlich wahrgenommen hatte, kam der Impuls auf, die verkörperte Schöpfung in der Getrenntheit wieder zurückzuholen, zurück in die Einheit, in die Quelle, in den jetzt reicher gewordenen Ozean.

Der Ruf der Rückkehr in die Einheit wurde ausgesandt und hat dich erreicht. Die Sehnsucht nach der Verschmelzung mit dem Ganzen, mit dem Ozean wuchs durch ihn immer weiter, und so kreierst du nun deinen Weg zurück zur Quelle.

Den Weg zurück findest du über das Erkennen, dass dein Leben in dieser Welt der Dualität oder der Getrenntheit nicht deine wahre Wirklichkeit ist. Du bist nicht dein Körper, du bist nicht dein Verstand, du bist nicht dein Ego und auch nicht deine Emotionen oder deine Ängste.

Lasse diese Identifikationen los und erkenne, was du wahrhaftig bist: reines Bewusstsein, reine vollkommene Liebe, ein göttliches Wesen auf einem göttlichen Planeten lebend.

Erkenne nun aus der Sicht des Ozeans, warum alles so gut ist, wie es ist.

Mehr Informationen über mich
findest du auf meinen Webseiten unter:

www.spiritlight.de und www.andromis.net

Bei Interesse freue ich mich zudem, wenn du mit mir Kontakt aufnehmen und deine Resonanz zu diesem Buch weitergeben magst.

Bewusstwerdungskarten

Deine Helfer auf dem Weg zu mehr Liebe und Bewusstheit

Wir leben in einer Zeit des Bewusstseinswandels von der Dualität in die Einheit. Der Weg dorthin führt über die alles umfassende Liebe Gottes und der Quelle. Indem wir uns dieser Liebe wieder öffnen, hilft sie uns, bewusster zu werden und alle Wunden und Verletzungen zu heilen. Verbinden wir uns dann wieder mit unserem inneren Herzenslicht, erkennen wir unser göttliches Potential und erwachen zu einem universalen göttlichen Wesen.

Bewusstwerdung bedeutet auch, dich selbst so anzunehmen, wie du bist, mit all deinen Stärken und Schwächen, lichten und schattenhaften Seiten. Dann vermagst du, dein umfassendes Selbst zu erkennen und den Sinn deines persönlichen Daseins zu erfahren. Die 72 Bewusstwerdungskarten freuen sich, dich auf deinem Weg in die Einheit und zu einer umfassenderen Bewusstheit zu begleiten. Wenn du sie befragst, haben sie einen wertvollen Hinweis für dich oder erinnern daran, wer du wahrhaftig bist.

72 Karten, Format A7 mit abgerundeten Ecken im Stülpdeckelkarton, ISBN: 978-3-948639-04-4

Preis: 24,90 € inkl. MwSt.

Auf meinem Weg
Einsichten eines Lichtarbeiters und Visionärs

Stefan Andromis Herbert beschäftigt sich als Lichtarbeiter und Visionär intensiv mit dem Bewusstseinswandel unserer Zeit und dem Aufstieg der Menschheit und der Erde ins Licht. Dazu verbreitet er universale Lichtbotschaften, organisiert Veranstaltungen und macht planetare Energiearbeit. Seine Vision ist die Verwirklichung einer vereinten und freien Menschheit, in der jeder Mensch an jedem Ort und zu jeder Zeit vollkommen versorgt ist. In diesem Buch beschreibt er autobiographisch wie er über die Science-Fiction und die Ufologie zum Bewusstseinswandel und zum Aufstieg ins Licht fand. Er gibt Einsichten weiter über Heilwerdung und den Weg des Herzens, über spirituelle Politik und seine Reisen in die ganze Welt. Dies wird durch universale Botschaften und andere Texte aus den vergangenen zehn Jahren seines Wirkens ergänzt. Stefan Andromis Herbert beschreibt in offener und ehrlicher Weise seinen Lebensweg und wie er lernte, sich selbst immer besser anzunehmen und zu einem erfüllten Dasein zu finden. Möge dir dies helfen, deinen eigenen Weg zu gehen, deine eigenen Potentiale zu erkennen und in dein eigenes göttliches Sein zu erwachen.

Format A5, 248 Seiten, ISBN: 978-3-940930-99-6

Preis: 18,00 € inkl. MwSt.

Buddhas Weisheit

54 Karten mit wunderbaren Bildern und Texten geben dir inspirierende Antworten auf deine Fragen des Lebens

Das tägliche Leben stellt uns vor immer neue Herausforderungen. Oft wünschen wir uns einen weisen Lehrer, den wir um Rat fragen könnten. Lass Buddha dieser Lehrer sein.

Stelle Buddha in Gedanken eine Frage. Lass dir Zeit, bis du dir vollkommen klar bist, ziehe dann eine Karte. Idealerweise zieht man pro Tag nur eine Karte, denn man sollte die Antwort ernst nehmen und darüber nachdenken. Es gibt keine Zufälle, alles ist auf wunderbare Weise durch unsere Helfer im Geistigen geführt. Deshalb ziehst du auch immer genau die richtige Karte.

Das Set beinhaltet 54 Karten, auf jeder Karte ist eine inspirierende Antwort mit einem dazugehörigen Bild.

54 Karten, im Stülpdeckelkarton, ISBN: 978-3-948639-05-1

Preis: 19,90 € inkl. MwSt.

Das Leben begreifen
Die 7 geistigen Wirkprinzipien, praxisbezogen und verständlich erklärt

In dieser Zeit, in der die Erde und die Menschen einen evolutionären Höhepunkt miterleben, der so nur alle 26.000 Jahre geschieht, suchen immer mehr Menschen ganz bewusst Antworten auf die großen Fragen des Lebens: Warum geschieht gerade mir das? Wie kann ich mein Leben verstehen und positiv verändern? Es gibt schon sehr lange Literatur mit Hinweisen und Hilfestellungen, damit die Menschheit erwachen und ihre Realität auf eine höhere Ebene der Existenz heben kann. Diese Informationen waren schon immer da, wurden über die Jahrtausende behütet, bewahrt und weitergegeben. Jedoch traten meist nur Bruchstücke davon ans Licht und wurden vielfach fehlinterpretiert, weil der Kontext fehlte. Oder sie sind für den heutigen Menschen nur schwer verständlich, da der reale praktische Umgang eher selten dargelegt wurde, und nur sehr wenig Menschen finden Zugang zu den orakelhaften alten Schriften im Originaltext.

Eines der wichtigsten und bedeutendsten Überlieferungen ist das Kybalion, ein Werk, das dem aufmerksamen Leser alle Fragen beantwortet.

„Das Leben begreifen" ist eine Neufassung des Kybalion, eine Übersetzung in die Sprache unserer heutigen Zeit, sodass sich alles Mystische und Geheimnisvolle dem Leser, einschließlich der praktischen Anwendung, klar verständlich offenbart.

TB, 248 Seiten, ISBN: 978-3-940930-97-2

Preis: 12,00 € inkl. MwSt.

ICH BIN die Gegenwart Gottes in jedem Menschenherzen

Du bist der Schöpfer deiner Realität

Dieses Buch richtet sich an alle Menschen, die auf der Suche nach Gott sind. Dieses Buch steht über allen Konfessionen und zeigt klar und deutlich, wie unser Leben funktioniert und warum es so funktioniert. Über all dem steht ein Wesen, das in vielen Sprachen, Religionen und Weltanschauungen viele unterschiedliche Namen erhalten hat. In unserem Kulturkreis bezeichnen wir es meist als Gott oder Schöpfer.

Für die meisten Menschen ist dieser Gott irgendwo da draußen, getrennt von uns, und meist rufen wir nur dann nach ihm, wenn es uns richtig schlecht geht. Dabei haben wir vergessen, dass Gott in jedem Menschenherzen wohnt und dort darauf wartet, von uns entdeckt und gelebt zu werden.

Wenn du bereit bist, die Gott-Gegenwart in deinem Herzen zu finden, dann ist dieses Buch genau das Richtige für dich!

Alle Erklärungen und Beschreibungen sind einfach, klar und deutlich gehalten, damit auch Menschen, ohne spirituelle Vorkenntnisse, sich zurechtfinden können.

Hardcover, gebunden, 136 Seiten,
ISBN: 978-3-940930-08-8

Preis: 14,80 € inkl. MwSt.

ICH BIN die Gegenwart Gottes in jedem Menschenherzen

Gott erwacht in deinem Herzen

Der zweite Band aus dieser Reihe vertieft das Wissen und das Verständnis über die Gegenwart Gottes im Menschen, dem *ICH BIN* In jedem Menschenherzen wohnt die Gegenwart Gottes und sie wartet geduldig darauf, erkannt und erweckt zu werden.

Der Schwerpunkt in diesem Band liegt in der Anwendung des Wissens über die ***ICH BIN Gegenwart***. Wie verwende ich das Wissen darüber, dass Gott in meinem Herzen gegenwärtig ist, und wie kann ich mein Leben mit Hilfe von ***ICH BIN Affirmationen*** neu gestalten, heilen und Frieden, Glück und Wohlstand finden?

Hier wird ausführlich beschrieben, wie und warum es möglich ist, mit Hilfe der ***ICH BIN Gegenwart*** den eigenen Körper von allem zu befreien, was Krankheiten und Blockaden verursacht. Die Selbstheilung beginnt mit der Anerkennung, dass du ein geliebtes Kind Gottes bist und Er in deinem Herzen gegenwärtig ist. Auch das alte Geheimnis, wie Heilung wirklich funktioniert, wird erneut offenbart.

Hardcover, gebunden, 134 Seiten, ISBN: 978-3-940930-11-8

Preis: 14,80 € inkl. MwSt.

ICH BIN Affirmationen
Eine wertvolle Hilfe für deinen Aufstieg in die 5. Dimension

ICH BIN ist die Gegenwart Gottes in dir, in jedem Menschen, in allem, was lebt!

Indem du Sätze mit *ICH BIN* sprichst, wendest du dich deinem göttlichen Kern zu. Alle Sätze mit *ICH BIN* verstärken und erschaffen das, was du ausgesprochen hast. Sie dienen dir als Affirmationen, um alles, was du zur Verwirklichung bringen möchtest, in dein Leben zu ziehen: Gesundheit, Erfüllung, Wohlstand, Liebe, alles, was im Einklang mit deinen Seelenwünschen steht.

Das Begleitheft enthält eine kurze Einführung in das *ICH BIN* und erklärt die praktische Anwendung der Affirmationen.

108 Karten mit Begleitheft im Stülpdeckelkarton

ISBN: 978-3-948639-02-0

Preis: 29,90 Euro inkl. MwSt.

Liebe und Mitgefühl sind der Schlüssel zum Aufstieg in die 5. Dimension

Ein Ratgeber von Mutter Maria, der uns hilft, die Zeit des Umbruchs zu verstehen und zu meistern!

Immer mehr Menschen spüren, dass eine Zeit des Umbruchs angebrochen ist. Es ist eine Zeit, die alle Schatten ans Licht bringt und so deren Erlösung ermöglicht.

Dies geschieht für das Kollektiv Menschheit als Ganzes, als auch individuell für jeden einzelnen Menschen. Der Umbruch wird vor nichts und niemandem Halt machen und am Ende schließlich dazu führen, dass die Menschheit in die 5. Dimension aufsteigt. Dieser Aufstieg ist ein wahrlich lohnenswertes Ziel, denn er wird für alle Menschen zu Frieden, Freiheit und Wohlstand führen. Liebe und Mitgefühl sind der Schlüssel, um diesen Aufstieg für jeden Einzelnen möglich zu machen.

Mutter Maria führt dich durch dieses Buch, das dir hilft, dich selbst und den Wandel besser zu verstehen. Sie hilft dir, dich von deinen Fesseln der Vergangenheit zu befreien und dein Leben im Einklang mit deinem göttlichen Kern, dem ICH BIN, in Liebe und Mitgefühl zu meistern.

Format: A5, kartoniert und gebunden, 100 Seiten

ISBN: 978-3-948639-00-6

Preis: 13,00 Euro inkl. MwSt.